Claves para conectar con tus clientes

Enamora a tus clientes con tu estrategia de blog y redes sociales

Consejos con los que crearás contenido
para cautivar a tu cliente ideal

Lara Arruti
Laumedia.es

ISBN:978-1539088264

ISBN-13: 978-1539088264

Primera edición: septiembre 2016

Portada diseñada por Lara Arruti

Prólogo: Vilma Núñez

DEDICATORIA

Dedicado a todos los emprendedores valientes que cada día sufren y disfrutan por sacar su negocio adelante.

AGRADECIMIENTOS

Debo agradecer a todos los clientes que me han dicho que no en mi trayectoria, también a los que han trabajado conmigo, he de agradecer a mi competencia que cada día trabaja por ponerme el camino más difícil, porque solo así he podido crecer y ser cada vez mejor en mi negocio.

Y gracias a mis mentores, pareja y familia por confiar en mí (más que yo misma).

INSTRUCCIONES

Este libro está lleno de enlaces que podrás visitar gracias a los códigos QR que he creado para ti. Utiliza la cámara de tu smartphone o tablet para capturar estos códigos y tendrás acceso a los sitios web que menciono en estas páginas.

Si no tienes ninguna aplicación para escanear códigos QR, prueba a buscar en tu tienda de aplicaciones el texto "QR code". Encontrarás un montón de opciones gratis.

Te invito a que compartas las frases que más te gusten en Twitter, Facebook, Instagram, etc. Puedes etiquetarme con el usuario **@laumedia**.

ÍNDICE

Prólogo de Vilma Núñez

El marketing de contenidos es el marketing del hoy y del mañana. Con esta técnica de marketing los esfuerzos que realizas hoy para posicionarte y conectar con tu audiencia se mantienen en el tiempo.

Mi marca personal nació gracias al Marketing de Contenidos y desde entonces entendí la importancia y la eficacia de esta técnica de marketing que debería ser implementada por todo profesional y marca que se precie.

Gracias a este libro de Lara podrás degustar y aprender de forma muy amena cuáles son los pasos que necesitas tener en cuenta a la hora de crear una estrategia efectiva de contenidos. **Sus ejemplos te ayudarán a entender mejor cada concepto y te motivarán a ponerte manos a la obra** y a diseñar en pocos días tu nuevo plan de contenidos.

¿Funciona el Marketing de Contenidos? Sí. Yo he visto proyectos nuevos crecer con un mínimo de inversión en publicidad porque han apostado la mayor parte de su inversión en la generación, optimización y publicación de contenidos. Y **el tuyo puede ser uno de ellos.**

Tu mejor estrategia será la de crear el contenido que tu potencial cliente necesita y el que necesitará. Sí, a veces **tenemos que adelantarnos a las necesidades de nuestra audiencia para poder conectar mejor con ella.** Si hoy un cliente busca una corbata mañana podría necesitar una camisa para la corbata, y tú como marca debes anticiparte, ponerte en su piel y elaborar contenidos que sacien lo que necesita ahora y lo que probablemente pueda necesitar en un futuro.

Cuando valoramos los resultados de nuestras estrategias de contenidos y analizamos a nuestra audiencia en Internet podemos predecir mejores contenidos. E igualmente nunca olvides que el usuario que hoy llega a tu web para solventar una duda mañana puede volver para iniciar una colaboración (producto o servicio), y ahí es cuando verás un claro ROI (Retorno de tu Inversión) de tu estrategia de contenidos.

¿Quieres atraer a tu cliente ideal y generar más negocio a través de Internet?

Entonces tienes que seguir leyendo lo que Lara tiene para contarte.

Este libro es sin duda la guía que debes seguir para potenciar tu presencia digital y para atraer nuevos clientes **potenciales**, que asombrados y agradecidos por tu contenido consumirán más o requerirán de algo más avanzado generándose así nuevas conversiones. Por ejemplo: reuniones con potenciales clientes, ventas online, etc.

Vilma Núñez - Ph. D, Consultora y speaker internacional de Marketing Estratégico

ENLACE
Web Vilma Núñez

Introducción

Si estás leyendo este libro, demuestras que **te preocupa tu cliente.** La mayoría de los emprendedores y empresarios solo se preocupan por su propio negocio. Y, oye, está genial, pero cuando buscas ir más allá, crecer y mejorar tu negocio, necesitas fijarte en el cliente.

El objetivo de todo negocio es ayudar, o así es como yo lo entiendo. Ya lo dice Robert Kiyosaki en su libro "Padre rico, padre pobre": "para ser verdaderamente ricos necesitamos ser capaces de dar y de recibir". Puedes ayudar de mil maneras diferentes: ofreciendo información, facilitando soluciones, gestionando las necesidades del cliente, o quizás simplemente escuchando.

Este libro nace tras años de formación y experiencia profesional, donde he podido sumergirme en decenas de proyectos, trabajar con centenares de tácticas y acciones para conseguir infinidad de resultados diferentes.

He tenido la oportunidad de recorrer mi propio camino como emprendedora y ayudar a otros a marcar el suyo. He estado donde estás tú, ahora, y por eso, por defecto profesional, quiero ayudarte.

Tras todo este tiempo de trabajo, he descubierto el santo grial. Y sería terriblemente egoísta si me lo guardara solo para mí, ¿no crees?

Te invito a disfrutar de este libro, a extraer las ideas que te ayudarán a mejorar tu negocio, y a investigar los conceptos y consejos que encuentres.

Recuerda que no existe una fórmula matemática infalible. Todo lo que descubras, todo lo que implementes, hazlo tuyo, hazlo propio, **plasma tu personalidad y trabaja cada día para apuntar cada vez mejor.**

El esfuerzo y la constancia son lo único que son infalibles en tu negocio.

¡Disfruta del libro!

Estoy aquí para ayudarte,

Lara Arruti – www.laumedia.es
Consultora de Marketing Online

ENLACE
Web Laumedia.es

INTERNET ES FRÍO

Sí. Es un terreno donde no existe el contacto humano, ni ese "buenos días" cuando alguien entra a una tienda. Faltan sonrisas y miradas. Internet es un lugar lleno de posibilidades y oportunidades para tu negocio. Pero estarás de acuerdo conmigo en que el trato humano es casi irreemplazable.

Conectar con tus clientes es fundamental. No basta con que lleguen, compren y se vayan. Tu deber es atraerlos, **generar una relación de confianza para después pasar a la venta**. De esto depende tu supervivencia como negocio. Y la vida no se acaba ahí. Internet te permite crecer mucho más allá de la venta: a través de la confianza, las referencias y recomendaciones, y gracias a la posibilidad de crear una comunidad que te permitirá seguir creciendo día a día.

La competencia está a un clic de ti. Existen demasiadas marcas, demasiados negocios haciendo ruido, ruido que ensordece a la audiencia. Los usuarios reciben demasiados impactos a lo largo del día, tú lo vives también. Y cada vez tenemos menos tiempo para consumir contenidos, buscamos alternativas más rápidas cada día.

En este mercado que se presenta tan difícil, necesitas diferenciarte de la competencia e **ir directamente a los usuarios que realmente están interesados en tus servicios.** Tienes poco tiempo para comunicarte con ellos, y cada vez menos espacio, debido al uso de smartphones. Por eso, te traigo las claves para que conectes con ellos, los enganches en poco tiempo y vean en ti una figura cercana, lejos de todo ese ruido.

Tengo que decírtelo: **debes trabajar el marketing de contenidos.** Sí, la creación de contenido gratuito en tu web, blog, redes sociales, email, video y todos los canales online habidos y por haber.

Tu estrategia de contenidos te permitirá conectar con tus clientes, acercarte a ellos y vender de manera persuasiva. Te permitirá crear una figura de autoridad y conocimiento.

El marketing de contenidos no es para todos los negocios.

Solo si quieres ayudar a tu cliente, si quieres ofrecerle la mejor solución y ser una mano amiga para él, debes trabajar en la creación de contenidos.

Si no te importa la profesionalidad, la experiencia de tu cliente y la satisfacción en tu servicio, puedes dejar de leer este libro aquí mismo.

No me lo tomaré como algo personal.

QUÉ ENCONTRARÁS EN ESTE LIBRO

El objetivo de este libro es que pases a la acción.

Como emprendedora, he consumido decenas de guías, libros y cursos online y presenciales que me prometían que me ayudarían a triunfar, a ser mejor y a conseguir cientos de clientes en poco tiempo.

¿Te suena?

No quiero que pierdas el tiempo.

Quiero menos teorías, menos tonterías.

Mi idea es ofrecerte claves muy concretas, explicadas de forma muy sencilla y directa, **con el firme objetivo de que puedas ponerlas en práctica en el minuto siguiente.**

Hace unos meses creé la *Guía para crear tu estrategia de contenidos y conseguir resultados,* que te permitirá dar los primeros pasos en el marketing de contenidos para tu negocio. Con este libro quiero ir más allá, hablar de la parte humana, de cómo todos los negocios, todo el mundo empresarial, trata de personas.

Las personas compramos personas.

Las personas confiamos en personas.

Quiero ayudarte con estrategias reales para generar confianza y conectar con tus clientes.

ENLACE
Guía para crear tu estrategia de contenidos y potenciar tu marca

QUIÉN SOY YO Y POR QUÉ TE CUENTO ESTO

Yo soy como tú.

Una joven emprendedora que un día decidió **apostar por una nueva vida**, elegí comenzar un camino arduo, pero que me permitiría diseñar mi propia vida, disfrutar del trabajo bajo mis propios términos.

Crear mi propio negocio.

Yo nunca viví por encima de mis posibilidades, estudié mucho y tras pasar por varias universidades, me encontré una situación desesperante.

Y no me iba a conformar.

Seguí formándome y monté mi propio negocio con otras socias. Con 25 años ya me reunía con clientes y comenzaba a comprender las necesidades de las empresas. Tenía mucho que ofrecer.

Con 26 años seguí mi trayectoria individual y desde entonces **he trabajado con más de 150 empresas para**

ayudarles a conseguir más clientes, a entenderles mejor, a comunicarse mejor.

Después de estos años quiero facilitarte el camino y que tengas las claves para conectar con tus clientes, y alcanzar tus objetivos.

¿QUÉ ES EL MARKETING DE CONTENIDOS?

En 2006 la empresa HubSpot acuñó el concepto Inbound Marketing para referirse a técnicas de marketing y publicidad no intrusivas, de tal forma que contacta con un cliente desde el inicio del proceso de compra y lo acompaña durante todo el recorrido ofreciéndole el contenido apropiado para cada fase. El Inbound Marketing es, digamos, un proceso a fuego lento, donde se lleva al cliente de la mano, y para ello, el pilar fundamental es el marketing de contenidos.

Se trata de crear contenido relevante para distribuirlo de forma gratuita con la idea de atraer a nuevos posibles clientes y/o de fidelizar a tus clientes actuales y tratar de hacerles comprar nuevos servicios o productos.

La creación de contenido no está limitada. Elige los formatos que mejor se adaptan a tu audiencia y a tu negocio. Conecta con tu cliente en cualquier rincón de internet.

Tu estrategia de contenidos se puede presentar en diversidad de formatos:

- Artículo o post
- Infografía

- Imagen
- Video
- Podcast
- Email
- Etc.

Es fundamental que el formato de tu contenido sea apropiado para tu cliente ideal, sí, pero también **encaje con tu negocio y con tu personalidad.** No tendría sentido que crearas videos si es incómodo para ti.

Lo ideal, en la mayoría de los casos, es que **crees una combinación estratégica que te permita mantener un blog dinámico,** con variedad de contenido y con diferentes soluciones para consumirlo. Así, conseguirás adaptarte a un amplio tipo de audiencia.

En mi blog encontrarás suficientes razones para crear contenidos en video. **El 95% de nuestra comunicación se basa en el lenguaje no verbal,** y solo con el video podemos transmitirlo al completo. **Conseguirás una conexión y fidelización única con tus clientes si te muestras tal como eres.**

Además, también está la importancia de crear infografías. Está comprobado que **recordamos hasta el 80% de lo que vemos** (y solo el 20% de lo que leemos).

ENLACE
Más de 12 razones para
crear videos

ENLACE
La fuerza de las
infografías

Por otro lado, está el podcast. A pesar de que hace apenas un par de años, pensábamos que el podcast estaba desapareciendo, en los últimos tiempos ha resurgido con gran fuerza. *Video killed the radio star*? Estoy convencida que por muchos formatos que nazcan, incluso si nos comunicamos vía hologramas, **la radio no morirá.**

La radio resulta un formato agradable para el ser humano, **nos permite escuchar y realizar otras tareas** (a algunos más que a otros). Además, los audios permiten modular la voz y **conocer al locutor en mayor profundidad** que simplemente leyendo texto.

Como ves, tienes formatos para elegir al gusto. En este libro descubrirás más claves que te permitirán elegir correctamente el formato.

CONOCE BIEN A TU CLIENTE IDEAL

¿De verdad piensas que tu servicio va dirigido a todo el mundo? Creerlo, **puede ser un error fatal.**

Imagino que habrás oído hablar muchas veces de tu cliente ideal, como concepto, lo que en marketing denominamos *buyer persona*. Es la clave de toda estrategia de marketing. Y me explico mejor: si tu servicio cubre una necesidad concreta de un nicho de mercado concreto, podrás ofrecer una solución concreta, y toda tu comunicación irá enfocada a hablar con ese nicho de mercado que tiene ESE problema.

Si te diriges a un público general, que cubre varias necesidades generales, tu comunicación se difuminará y se perderá, ya que nadie se identificará con tu servicio ni negocio.

Es decir, **cuanto más defines tu cliente ideal, mejor enfocas tu mensaje, argumentos y soluciones.** De tal manera que hablas el mismo idioma que ellos, les entiendes mejor y ellos se identifican con tu servicio y empresa.

Para definir a tu cliente ideal, puedes leer el artículo que escribí sobre el mapa de empatía, que te ayudará, puedes comenzar por extraer un patrón de los clientes que has conseguido hasta ahora: ¿qué tienen en común? Puede ser la edad, género, ubicación, comportamiento social, etc.

Si hace poco que has comenzado con tu negocio, puedes analizar qué necesidades cubre tu servicio e intentar extraer un avatar que requiera de tu profesionalidad.

Lo habitual es definir entre uno y tres avatares diferentes (en ambos casos) a los que te puedes dirigir de forma totalmente personalizada.

Para ello, necesitas ponerte en sus zapatos, empatizar al 100% y comprender qué emociones o pensamientos le llevan a ti, a tu negocio.

Este es el primer paso, es la clave, pero no te preocupes. Sé que si todavía no lo tienes claro, lo irás definiendo poco a poco.

ENLACE
Conoce bien a tu
cliente ideal

Cuando comencé a trabajar con un cliente, un fotógrafo de bodas, necesitaba consultoría para mejorar su estrategia, ya que empezaba a dudar si su negocio era rentable. Y detectamos este error, que resulta muy común, y a veces hasta aterrador. Se dirigía a cualquiera que pudiera necesitar su servicio, y terminaba frustrado por muchos noes y clientes que regateaban su precio.

Simplemente, no le valoraban.

Resultaba que su cliente ideal tenía un perfil más creativo y artístico, valoraba su trabajo desde perspectivas emocionales. Incluso contaba con un nivel cultural elevado y disponía de un nivel adquisitivo superior.

Todo cambió.

A partir de definir correctamente el perfil de su cliente ideal, diseñamos una web completamente nueva, cambió los mensajes de la web y de sus redes sociales y comenzó a compartir contenido mucho más enfocado.

Comenzó a comunicarse en el mismo idioma, y el primer mes empezaron a mejorar los resultados. Ya no solo en número de clientes, si no en la calidad. Ya nadie regateó, nadie menospreció su trabajo artístico.

Quiero mostrarte otro ejemplo que te ayudará a comprender la diferencia de comunicarte con un cliente u otro:

EJEMPLO

Imagina que tienes un centro de deporte especializado en Pilates. Si tú has definido que tu público objetivo es una persona joven, amante de la naturaleza y enamorada del

31

diseño, deberás crear unas campañas de publicidad online realmente creativas y que hablen del bienestar en armonía con la naturaleza, por ejemplo.

En cambio, si diriges tu negocio a un público mayor que sufre varios problemas posturales, hernias o problemas de movilidad, además de enfocarte en la rehabilitación, será más probable que utilices canales de comunicación más offline o que los mensajes online vayan dirigidos a sus hijos o nietos.

Cuanto más definido tengas el perfil de tu cliente ideal, **mejor dirigirás toda tu comunicación y mejor adaptarás tu mensaje y su formato.** En consecuencia, más probable será que tu cliente ideal se identifique con tu marca y servicio.

CONSEJO

Crea tres perfiles.

En cada uno de ellos, define el género, rango de edad y características socioeconómicas de tu cliente ideal.

Te recomiendo que también concretes intereses, circunstancias familiares, y comportamiento en medios sociales.

Si te ayuda, ponle nombre, el que sea, y define un cargo, uno que encaje con su perfil, y busca en Google una fotografía real que coincida con los perfiles que has definido. Por ejemplo: Álex, director comercial. Búscalo.

Personificar a tu cliente ideal y mirarle a los ojos te ayudará a entender mejor su comportamiento y necesidades. Y a crear contenidos mejor enfocados.

Habla de tú a tú

Cuando creas contenido en tu web, blog o redes sociales, ¿para quién lo haces? ¿A quién te diriges, realmente?

Es demasiado común leer textos que hablan de "vosotros". ¿Quiénes sois vosotros? ¿Acaso perteneces a un grupo concreto?

Escribe para una persona, en singular. Aunque te parezca absurdo, en el 99% de los casos solo hay una persona al otro lado de la pantalla, no un grupo, por lo que olvídate de "vosotros". Resulta demasiado impersonal. Habla de "tú". Con el singular todos nos identificamos mucho mejor, de una forma más rápida y sencilla. **Si utilizas el "tú", conectarás con tu cliente.**

Sigue el primer consejo y te ayudará, mira a los ojos a tu cliente ideal, y te ayudará a escribir de forma más humana y directa.

Pregunta: ¿Debemos hablar de usted?
Respuesta: No.

Desde mi experiencia y perspectiva, no hay más respuestas. Puedes mostrar tu profesionalidad, seriedad y nivel hablando de tú a tú. El **"usted" solo marca las distancias**, y estás aquí leyendo este libro porque quieres acercarte a tu cliente y crear un vínculo real con él. No hagas justo lo contrario.

EJEMPLO

Lee las siguientes frase:

- Realice su diagnóstico clínico
- Descubre el tratamiento perfecto para ti
- Participa en nuestro sorteo y gana
- Descubra las últimas tendencias en moda
- Elija la mejor opción para el confort de su hogar
- Déjame contarte un secreto

¿Qué frases han conectado contigo?

Son muy genéricas, y a pesar de ello, apuesto que alguna te ha enganchado más que otra.

CONSEJO

Utiliza siempre un tono cercano y humano, como hablábamos en el punto anterior. Eso no significa que debas pasar a utilizar expresiones como "jijiji" ni abusar de guiños y smileys.

Utiliza siempre el "tú" para que la otra persona sienta esa conexión y os situéis ambos en el mismo nivel, tanto profesional como personal.

Mi recomendación es que potencies el "tú", que le des mayor protagonismo para que tu audiencia se identifique con mayor facilidad. Igualmente, puedes intercalar el "tú" y "vosotros" si resulta natural para ti.

En resumen:

¿Cómo te gustaría que te hablaran a ti?

HUMANIZA TU CONTENIDO

A los seres humanos nos encantan las historias, nos enganchan y cautivan. Hemos contado y escuchado historias desde que nos sentábamos alrededor del fuego.

Y por ello son una gran herramienta para conseguir diferentes fines, ya sea para entretener, como con una novela, para mostrarnos una lección vital, como son los cuentos, o como herramienta para identificarnos y persuadirnos.

Cuando contamos historias e identificamos posibles problemas o necesidades que pueda tener una persona, **es más fácil guiarle a través de las palabras hasta un objetivo concreto**. Gracias a las historias, puedes crear vínculos con los usuarios, puedes tocar sus corazones.

Una historia nos permite profundizar más allá que un simple texto de dos líneas. Esto se llama *storytelling*.

El storytelling no es más que racionalizar y estructurar algo con unos fines concretos. El storytelling es la creación de una historia creíble centrada en los clientes y que conecte con tu negocio.

Todos somos grandes contadores de historias, de forma innata, pero necesitamos aplicar esta técnica para alcanzar nuestros objetivos marcados.

Las claves para crear esta historia son:

- Debe ser coherente dentro de una narrativa
- Trata sobre tus clientes, son los protagonistas
- Es emocional
- Tiene un comienzo, una crisis y una solución
- Genera interacción entre tu negocio y tus clientes

La capacidad de atención de todos los usuarios está reduciendo de forma considerable, y necesitamos que la conexión se genere enseguida, que **la historia enganche en segundos**.

Gracias a un discurso personalizado, **tu cliente asociará tu negocio a buenas experiencias y valores**. No solo vinculan buenos recuerdos a tu marca, sino que **tus contenidos se difundirán y consumirán de forma no intrusiva** y, en consecuencia, atraerás audiencias de calidad. Debes apelar a la parte emocional de la decisión de compra, en cada fase en la que se encuentre tu cliente ideal.

Recuerda que las emociones son más fuertes que los argumentos.

Las emociones activan las mismas regiones cerebrales que las experiencias físicas, como la alegría o el odio.

El ser humano adora las historias, como decíamos, porque **apelan a su parte emocional del cerebro y le ayudan a conectar.** Además, las emociones son más fáciles de recordar que los datos.

Los consumidores recurren antes a las emociones que a los datos o argumentos racionales a la hora de tomar una decisión.

Y las historias inspiran a las personas a tomar acción.

Son muchas las veces que nuestro cliente ideal no es realmente consciente de cuáles son sus necesidades. Por eso las historias nos ayudan a engancharle y hacerle ver que nos necesita.

No me malinterpretes, no es que queramos venderle algo que no necesita, en absoluto; jamás te animaré a que evangelices a una persona que no necesita tu servicio.

Eso no te interesa.

Lo que realmente te propongo es que utilices historias para que tu cliente ideal vea un símil en el relato que le haga encender la bombilla y diga: "¡Ah! ¡A mí me ocurre lo mismo!".

Exacto, **el objetivo de contar estas historias es que los usuarios se identifiquen con tu relato**, les toques el corazón.

Te invito a leer el artículo **Vende historias y soluciona problemas** de mi blog para profundizar en este tema sobre cómo humanizar el contenido.

Contar historias es sinónimo de entretener, es sinónimo de emocionar.

Y para entretener a otra persona, es fundamental saber qué le gusta y cómo podemos animar la conversación.

ENLACE
Vende historias y
soluciona problemas

Por esto es tan importante tener el primer punto tan bien definido y detallado (cliente ideal), para que **seas capaz de comprender tan bien las circunstancias de tu cliente ideal que tengas la habilidad de identificar sus necesidades** incluso antes de que lo haga él mismo. Necesitarás entender en qué fase se encuentra. De esta forma, le ofreces soluciones a problemas que no identificaba como tales. Te conviertes en una mano de confianza.

Como en todas las historias, **necesitas comenzar con un desafío o problema, para finalmente añadir una moraleja o conclusión.** A lo largo de tu relato, es fundamental que añadas emoción, utilizando episodios personales, de humor, o incluso problemas graves.

Añade una pizca de creatividad e ingenio a tus palabras.
- Hazlo personal
- Evita los clichés
- Evita el lenguaje complejo y demasiado técnico
- Crea un relato descriptivo

Quiero demostrarte que todo esto no es tan ficticio y que lo puedes llevar a tu propio terreno.

EJEMPLO

Para mostrártelo brevemente, puedes ver claramente el storytelling en estos videos de diversas marcas:

- P&G y Pantene siempre apoyando a las madres
- Johnnie Walker: El hombre que caminó alrededor del mundo
- Estrella Galicia. Cultura de Cerveza 2016

ENLACE
P&G

ENLACE
Johnnie Walker

ENLACE
Estrella Galicia

Pero el storytelling no es solo para el video. Puedes adaptarlo al formato que desees.

Texto simple:

Nuestra empresa ha firmado un acuerdo con la empresa X para ofrecer mejor servicio a nuestros clientes. El objetivo de este acuerdo es aumentar el beneficio de nuestros clientes ya que repercute en la mejora de nuestra financiación.

Storytelling:

Hoy por fin, facilitamos tu camino.

Estamos realmente felices de comunicarte que esta tarde hemos firmado un acuerdo de colaboración con la empresa X. Llevamos 5 años trabajando duro para emprendedores valientes como tú, con el firme objetivo de ofrecerte la solución que mejor se adapta a ti, totalmente personalizado, porque mereces el mejor resultado.

Y ahora, es tuyo.

Gracias a este acuerdo, hemos conseguido facilitar tu inversión inicial. Conseguirás las mejores condiciones, sin agobios y con la comodidad que necesitas.

CONSEJO

Planifica el recorrido que realiza tu cliente ideal antes, durante y después de la compra de tus servicios.

Responde a preguntas como:
- ¿Por qué me necesita mi cliente?
- ¿Qué circunstancias le hacen llegar a mí?
- ¿Qué situación le llevará a tener el problema que yo resolveré?
- ¿Cómo se sentirá después de trabajar conmigo?

Plantea al menos 3 hipótesis en cada fase (antes, durante y después), y anota los problemas y necesidades que le surjan durante este recorrido.

Apunta las respuestas o soluciones que puedes ofrecer a esos problemas.

Ahora, define un protagonista y adversario para cada caso, así como un problema principal que acabará en un final feliz. Puedes basarte en un cliente real para que tu historia resulte más creíble, o crear una historia basada en la realidad, pero con un personaje ficticio.

Ya tienes una buena reserva para crear contenido utilizando diversos formatos: artículos en el blog, videos, infografías, etc.

Puedes contar historias para acercar tu negocio a tus clientes, o para hablar sobre problemas concretos a los que puedas dar solución.

Crea un discurso basado en un personaje para ser lo más memorable e impactante posible.

La clave es la autenticidad. Da igual lo aburrido que resulte tu producto o servicio. Busca ese factor o cualidad que hace diferentes a tus clientes, vincúlalos a emociones: aventurero, inconformista, estiloso, creativo, etc.

Y recuerda:

- Coherente
- Personal
- Emocional
- Cliente protagonista
- Lenguaje sencillo
- Descriptivo
- Evita clichés

HABLA DE SENSACIONES

Siempre me ha interesado la psicología. Y si hablamos de conectar con personas, no podemos dejarlo de lado.

Este año he descubierto la **Programación Neurolingüística (PNL).** Increíble. Es un mundo nuevo de posibilidades para mejorar y crecer. **Y triunfar.**

Nadie te habla de esto. Todos ocultan esta clave. Y es valiosa. Es el secreto mejor guardado de la comunicación. Mereces tenerla y si te interesa, te invito a que investigues más.

Con las palabras creamos sensaciones y conectamos con el cerebro de las personas. Imagina ahora manejarlas para conseguir tus objetivos. Hablamos de la persuasión.

Ojo, hablamos de persuasión, de intentar influenciar a las personas, nunca de engañar.

Gracias a los conocimientos de PNL, podemos llegar a persuadir a nuestro cliente ideal. **Puedes impactar en el cerebro de tu cliente para conseguir un objetivo.**

Quiero que hagas sentir a tu cliente, que utilices las emociones en tu contenido para animarle a reaccionar.

¿Cómo?

Te lo resumo (mucho). El cerebro de los seres humanos funciona en tres canales: **visual, auditivo y kinestésico.** Existen más modalidades, sí, y para analizar en mayor profundidad este tema, te invito a que te dirijas a la extensa literatura que encontrarás respecto a esto. Yo quiero facilitarte las pautas básicas más interesantes para el ámbito que nos ocupa.

Digamos que cada uno combina estos canales de forma diferente: 10% - 30% - 60% o 30% - 40% - 30%. Lo habitual es que predomine un canal, que haya una modalidad dominante. Esta puede cambiar en función del contexto, pero quiero que te quedes con la idea de que **existen tres canales y que debes trabajar los tres.**

Y te los detallo:
- **Canal visual:** son personas que captan el mundo a través de la vista. Suelen ser ordenadas, les importa la apariencia y suelen expresarse a través de metáforas

con términos que refieren a la vista: recordar, ver, imaginar, mirar.

- **Canal auditivo**: estas personas procesan la realidad a través del oído. Cuidan lo que dicen y recuerdan lo que escuchan. Se preocupan del lenguaje, oral y escrito. Por lo que sus expresiones habituales serán: oír, sonar, decir, cantar.

- **Canal kinestésico**: en estas personas predominan los sentidos del tacto, el olfato y el gusto. Tienen predilección por los placeres de la vida y no les importa la apariencia. Sus expresiones se vinculan a estos tres sentidos: sentir, emocionar, oler, percibir, gustar.

Como ya te he dicho, existe una modalidad dominante, pero no única. Te invito a que trabajes para conseguir **una correcta combinación de este lenguaje (con estos verbos y sensaciones) para conectar con las personas.**

EJEMPLO

Te pongo mi propio ejemplo. Cuando comencé a hacer videos, mi mayor preocupación era el encuadre, la buena iluminación y la calidad del video en las redes sociales. Quería que el video se viera profesional.

Estudié comunicación audiovisual. Soy una persona muy visual. Ordenada, el diseño es fundamental para mí. Soy la loca que coloca todos los cuadros rectos en casas ajenas.

Cuando colgué el primer video que hice, sabía que la iluminación era mala. Quería pasar a la acción y no esperé a tener focos. Cuando lo publiqué, pregunté a varias personas qué les había parecido mi video. Y me sorprendió la respuesta:

- Algunos resaltaban la mala iluminación, pero el resto lo veían genial (visuales)
- Otros resaltaban la confianza que transmitía, no veían fallos (kinestésicos)
- Otras personas me comentaron que conseguía explicarme muy bien (auditivos)

Sí, las opiniones fueron buenas en general. Y me sorprendió. Yo solo podía fijarme en la mala iluminación. Y me olvidé de que transmitía bien, que conseguía explicar el mensaje o que conseguía ser yo misma, natural.

Me había olvidado del resto de canales.

A través de este ejemplo quiero que entiendas que ya controlas tu canal, llevas toda la vida moviéndote en ese ámbito, por lo que **intenta trabajar el resto de canales para conectar con tu cliente, emocionarle, hacerle sentir** y transmitirle un mensaje claro y directo.

CONSEJO

Grábate con la cámara y habla de lo que quieras, expláyate hablando de tu negocio. Crea un video de 5 minutos.

Después, visualiza el video y analiza tus gestos, tu mirada y tu tono. Anota en una hoja las expresiones que utilizas.

Analiza qué canal predomina en ti.

Ahora ya sabes qué otros canales deberás fomentar en tu lenguaje. Anota los verbos habituales en los otros dos canales y léelos una vez al día para absorberlos e introducirlos en tu cerebro.

Seamos positivos

Me encantaría que aplicaras este consejo en cada aspecto de tu vida: no solo en tu estrategia para captar clientes, también en tu vida personal y en tu vida profesional como emprendedor.

Sé con certeza, porque yo misma lo he comprobado, que **una actitud positiva te llevará más lejos que un pensamiento negativo constante.**

Te pido por favor que apliques este consejo de este capítulo en cada parte de tu vida. Te ayudará a en las reuniones con clientes, en conversaciones con proveedores, o en negociaciones con colaboradores.

También en relaciones personales. Incluso en conversaciones con tu pareja. Esto es parte del PNL (programación neurolingüística). Como te decía, te recomiendo que leas sobre este tema más profundamente y practiques cada día.

Para no perder la costumbre, permíteme ir al grano.

Es importante generar una actitud positiva hacia el cliente. Por ejemplo, siguiendo la línea del *storytelling*, cuando creamos contenido, no tendría sentido plantear los problemas del cliente, sin ofrecer soluciones. El positivismo incluye ser resolutivos.

La idea es empatizar y aplicar las emociones en nuestro negocio, humanizar nuestro propio negocio, de manera que tu comunicación se base en generar pensamientos optimistas del tipo: "aquí tienes una mano amiga", "yo tengo la solución para ti" o "te ayudaré a encontrar la mejor solución".

Por otro lado, **la sinceridad y la honestidad son pilares de esta actitud positiva**. No significa que debamos sonreír a cada segundo, a pesar de que tengamos un problema grave. Una actitud positiva se traduce en buscar soluciones, en ser prácticos y mirar siempre adelante, sin atascarnos en el problema o en situaciones incómodas.

Es decir, si al tomar una decisión concreta, cabe la posibilidad de que tu cliente tenga un problema, sea grave o no, díselo.

Como te digo, la honestidad es un pilar de tu comunicación. Sobre todo en casos en los que conocer la gravedad del problema puede ayudar al propio cliente a tomar las decisiones más inteligente.

Mantener una actitud positiva es clave en tu estrategia, tanto de negocio como de marketing. Y esto debes plasmarlo también tus contenidos.

EJEMPLO

A nadie le gusta que le digan que tiene un problema. Ya sea a nivel personal o en el ámbito profesional.

Y mucho menos, que no le ofrezcan una solución.

Tú, al igual que tratas con tus propios clientes, también tratas con tus proveedores. Para ellos, eres su cliente.

Imagínate una reunión en el que te indican que el pedido X está fuera de stock. ¿Qué es lo siguiente que esperas? Una solución, una alternativa: estará disponible a partir de X fecha, o que te muestren otro modelo u opción que cubra tus necesidades.

Si este proveedor no te facilita ninguna alternativa, miras con recelo.

Confías en las personas que te ofrecen soluciones, que te ofrecen una mano y te dicen: "no te preocupes, yo te ayudo" o "tranquilo, buscaremos una solución".

Trata a tus clientes como te gustaría que te trataran a ti.

CONSEJO

Sigue estos pasos para transmitir mensajes positivos y plasmar tu actitud positiva en los contenidos que creas:

1. Conecta con las necesidades y problemas de tu cliente
2. Ofrece alternativas para encontrar la solución
3. Visualiza los escenarios por actuar y por no actuar en consecuencia al problema
4. Muestra los pasos a seguir para encontrar la solución
5. Crea secuencias de tres preguntas en los que el cliente siempre responderá "sí".

ESCUCHA A TUS CLIENTES

¿Has oído hablar de la escucha activa? La escucha activa la habilidad de escuchar no sólo lo que la otra persona está expresando directamente, con sus palabras, sino también los sentimientos, ideas o pensamientos que subyacen a lo que se está diciendo.

La escucha activa es fundamental para una comunicación eficaz con tus clientes.

Conversa con tus clientes y escucha qué obstáculos encuentra en su camino y de qué forma les gustaría recibir tu ayuda.

Permíteme hacer hincapié en esto: el formato de la respuesta. No se trata solo que les ofrezcas una solución a su problema, si no que **encuentres la forma correcta de facilitársela.**

A la hora de comunicarte con tus clientes, es fundamental que utilices el mismo idioma. Y te lo explico más concretamente. Cuando eres profesional de un tema concreto, tendemos a utilizar tecnicismos o palabras concretas con las que personas fuera del sector no están familiarizadas.

Todavía me acuerdo una reunión con un cliente, hace ya años, en el que hablaba de SEO, CTR y hashtags. La cara de mi cliente era un poema. Por aquel entonces, no eran palabras que se leyeran con facilidad, como ahora.

Utilizar este tipo de lenguaje no solo confunde a tu cliente, y es que creas un espectro de oscurantismo que no te beneficia en absoluto. Si lo fomentas, finalmente el cliente desconfía y duda de tu conocimiento. Piensa que utilizas palabras raras solo para engañarle.

Necesitas bajar a la tierra todos estos términos y hacerle ver que tienes conocimientos.

Como decía el gran Albert Einstein: "Si tu intención es describir la verdad hazlo con sencillez, y la elegancia déjasela al sastre".

Comencé a cambiar mi lenguaje. **Para que mi cliente valorara mi trabajo, era fundamental que me entendiera.**

Deja de utilizar "palabros". Es probable que esto te haga parecer más profesional, pero no estás conectando con las personas. Si es necesario utilizar estas palabras o crees que es importante para mejorar tu autoridad y marca personal, será necesario que expliques a tu cliente el significado de estos términos y traerlo a tu terreno. Solo así ofrecerás mayor cercanía y autoridad al mismo tiempo. Sin crear distancias.

¿Qué hice yo? Expliqué el significado de algunos tecnicismos a mi cliente utilizando palabras de su vocabulario, o incluso ejemplos de su sector. Y lo repito tantas veces como haga falta.

Siguiendo con otra frase de Albert Einstein: "No entiendes realmente algo, a menos que seas capaz de explicárselo a tu abuela".

Por lo que, recuerda siempre: escucha a tu cliente, busca soluciones y facilítale las alternativas utilizando el mismo lenguaje y en el formato en el que mejor le puedas ayudar.

Mantén siempre una actitud pragmática.

EJEMPLO

Hace un tiempo, en mi negocio solo ofrecía la gestión de la estrategia para mis clientes. Actualmente sigo haciéndolo, claro. Pero mi tiempo es finito, y me vi en la necesidad de ampliar mis servicios para hacer crecer mi negocio, y para poder ayudar a otros emprendedores y empresarios. Necesitaba una alternativa.

Para poder encontrar el formato correcto, directamente, pregunté a mi audiencia. ¿Qué necesitaban? ¿Cómo podía ayudarles?

En mi caso, planteé dos situaciones:

A) Un programa de formación que ellos mismos pudieran realizar a su gusto y ritmo.

B) Consultoría personalizada durante sesiones estratégicas, donde les asesoraría y trabajaríamos codo con codo en su estrategia completa.

Planteé ambos escenarios, explicando claramente el funcionamiento de ambas opciones y las ventajas de cada caso, para que pudieran tomar una decisión inteligente en función de sus necesidades. No podía engañarles y coaccionar su respuesta, claro.

Mi audiencia, con el perfil de mi cliente ideal o *buyer persona* me respondió claramente: "quiero soluciones personalizadas y mejoras para mi estrategia, adaptadas a mi negocio, no quiero ser un community manager más. Quiero que trabajes conmigo en mi estrategia".

Solo tuve que escuchar para hallar la respuesta. Y así es como a día de hoy ofrezco estas dos modalidades de trabajo: gestión continuada de la estrategia de marketing online, y consultoría personalizada donde trabajamos las estrategias en sesiones individuales.

CONSEJO

Analiza qué conversaciones tiene tu audiencia, en relación con tu actividad o negocio.

Busca qué palabras clave utiliza tu audiencia. Esto puedes hacerlo con la herramienta gratuita Planificador de Palabras Clave de Google Adwords.

Si tienes dudas, **pregunta directamente a tu audiencia**, utiliza para ello diferentes canales:

- Tu lista de suscriptores
- Grupos de Facebook especializados
- Tu página de Facebook
- Grupos de Linkedin especializados
- Encuestas de Twitter

También puedes crear una A/B test. Es decir: lanzar dos opciones y analizar los datos, ver cuál ha tenido mayor éxito. Dependerá siempre de tus preguntas, claro. Este A/B test podrías hacerlo a través de dos lead magnets (recursos gratuitos que ofrezcas en tu web como gancho), por ejemplo.

Utiliza los mismas palabras que utiliza tu audiencia.

Incluso, aunque no sean técnicamente exactas. A través de tu contenido, tendrás ocasión de matizar y de educar poco a poco a tu cliente, ofreciéndole conocimiento.

La prioridad es la conexión y una comunicación eficaz, una vez consigas ese vínculo y captes la atención de los usuarios, tendrás ocasión para pulirlo.

TU CLIENTE QUIERE BENEFICIOS

Generalmente, cuando ofrecemos un servicio, por alguna extraña razón **nos empeñamos en hablar de las características del servicio en sí.**

Nos creemos que así venderemos mejor. Cuantas más características detallemos, más atractivo resultará el servicio.

Error.

¿Desde cuándo una película muestra en su tráiler las características de su guión? No te habla de la duración de la película. Ni de sus guionistas. Tampoco te dice qué grandes profesionales han creado los efectos especiales.

Obvia las características porque persigue cautivarte. Y para ello, te enseña los efectos especiales, las escenas de acción y emoción, y los cuerpos serranos. Lo que quiere es engancharte, aunque sepa que el producto como tal es bazofia.

Quieren enamorarte.

Si comprendes qué beneficios busca tu cliente ideal, te resultará mucho más fácil que se identifique con tu contenido.

Y enamorarás a tu cliente.

EJEMPLO

Cuando una persona va a comprar un ordenador, el técnico de la tienda le empieza a hablar de GB, RAM, procesadores y cosas raras. Y esta persona pregunta: ¿Pero me vale para leer el periódico?

Si el cliente es un señor mayor, no le importa si el ordenador tiene 1TB de almacenamiento, quiere saber si tendrá espacio suficiente para guardar las fotos y videos de los últimos 4 años de sus 4 nietos.

Si es una persona joven que busca el ordenador para trabajar, le hablarás de poder utilizar varios programas a la vez y las horas que le aguantará sin conectarlo al enchufe.

Si tu cliente quiere el ordenador para jugar a videojuegos, buscará que el ordenador vaya rápido para que el juego no se atasque o que los gráficos sean estupendos.

El producto es el mismo, un ordenador. En cada caso, se resaltarán unos beneficios diferentes en función de las necesidades del cliente.

CONSEJO

Cuantifica los beneficios que le ofreces a tu cliente gracias a tu servicio. Puedes cuantificarlos en números o porcentajes, o también puedes utilizar comparativas.

Te muestro algunos ejemplos:

- Di adiós a tu dolor de espalda en 90 días
- Ahorra un 30% el gasto de luz
- Si crees que el buen diseño es caro, deberías mirar lo que cuesta en realidad un mal diseño

Descubre cuáles son las necesidades de tu cliente y háblale de los beneficios en el mismo lenguaje que él utiliza.

DEMUESTRA LO QUE SABES

No vale que tú digas que eres el mejor en tu campo. Que eres un crack. Tienes que demostrarlo. **Tu estrategia de contenidos te ayuda a convencer a tu audiencia de lo bueno que eres.**

Gracias al contenido que creas en tu web y blog podrás exponer tu sabiduría. **Todo el contenido te dará mayor credibilidad y ganarás autoridad en tu sector.** Esto es fundamental si realmente quieres posicionarte en el mercado.

Crear contenido te ayudará a diferenciarte de la competencia, a marcar tu propia voz y alzarte con confianza.

Algunos piensan que crear contenido de forma gratuita es sinónimo de regalar su trabajo. Pero si tú ayudas con tu conocimiento y experiencia, y acercas la mano a quien necesita de ti, ten claro que agarrará tu mano e irá contigo.

No tengas miedo de compartir tu conocimiento. Los profesionales que guardan su grandiosa sabiduría con recelo están condenados a estancarse, a quedarse pequeños y no avanzar.

Tú eres un gran emprendedor, no solo por tu conocimiento, si no por todo lo que tienes que ofrecer como persona, por tu afán de ayudar a tu cliente, por buscar siempre la mejor solución para tu cliente. Así que no tengas miedo de compartir tu conocimiento. El conocimiento evoluciona y crece, y cuando lo ofreces de forma altruista, es cuando convence de verdad, es cuando realmente se demuestra.

No es necesario que escribas hablando de lo bueno que eres o todos los títulos que has conseguido.

El objetivo es demostrar que sabes de lo que hablas, **ofrecer contenido de valor real, de manera de que tus lectores sientan que te necesitan.**

EJEMPLO

Imagina que necesitas ayuda a la hora de crear un video corporativo.

Buscas información en internet.

Te encuentras dos páginas web de profesionales del video.

El profesional A te explica sus servicios y los beneficios de crear un video corporativo.

El profesional B, te ofrece sus servicios y los beneficios, sí, y además, te ofrece una guía donde te explica las claves para hablar correctamente ante la cámara. Y te regala una plantilla para crear un video corporativo básico.

¿Cuál eliges? ¿Cuál te transmite confianza?

El profesional B genera en ti un vínculo afectivo porque te ha ayudado y te permite confiar en él y referirle mayor autoridad.

CONSEJO

Abre tus conocimientos y ofrécelos libremente.

Utiliza un lenguaje cercano y directo que permita a cualquiera entender lo que dices. Como decía Albert Einstein, "si no lo puedes explicar con simplicidad, es que no lo has entendido".

Por más técnico que sea tu actividad, si tu cliente no habla ese idioma cargado de tecnicismos, deberás evitarlos.

Es el axioma número uno.

Olvídate de grandes teorías y complicar cada frase para creerte más profesional. Cuanto más lo sintetices todo, cuanto más claro lo expliques, y mejor llegue a tu audiencia, más conectarás con tu público ideal.

ENVÍA MENSAJES

Cuando un usuario visita tu página web, **cuentas con 5 segundos para captar su atención.** Sí, se estima que el margen es de 5 a 8 segundos, de hecho. No es mucho.

Dispones de ese tiempo para cautivarle con tus palabras y con el diseño de tu página web. ¿Cómo puedes captar su atención?

El texto es importante, claro, pero si es demasiado extenso, no cuentas con tiempo suficiente para convencer a tu cliente. Puedes utilizar imágenes, cómo no, pero debes tener claro que la imagen es suficientemente potente para transmitir lo que deseas,

Transmite mensajes.

No te hablo de poner un eslogan. Los mensajes son textos muy breves y directos con gran impacto. Hablamos de textos potentes.

No existe una única fórmula, pero sí existen factores concretos que debemos tener en cuenta.

Factores para crear un mensaje que transmita y venda:
- Cliente ideal
- Problema o necesidad del cliente ideal

- Situación del cliente ideal
- Tono/estilo de tu negocio
- Actividad de tu negocio
- Objetivo del mensaje
- Página en la que se emite el mensaje

Los mensajes deben ir contextualizados. Una vez captes la atención de tu cliente, ayúdate del resto del texto para apoyar tu mensaje, y trabaja con un diseño profesional que facilita la navegación y el interés del usuario.

Recuerda que, como ya hemos hablado en este libro, es fundamental que hables de beneficios y no de características, donde el cliente es el protagonista. Los mensajes no deben tratar sobre tu negocio, si no sobre los beneficios que conseguirá tu cliente.

EJEMPLO

Cada mensaje, cada caso, es totalmente relativo, porque debes tener varios factores en cuenta (actividad, perfil del cliente, situación del negocio, objetivo, etc.).

Antes de contarte lo que sí funciona, es importante que visualices lo que no:

1. Nuestra empresa es líder del sector
2. Desde 1875 ofreciéndote el mejor servicio
3. Ofrecemos servicios de máxima calidad
4. Equipo de profesionales altamente cualificado

Algunos de los mensajes que sí pueden funcionar son:

5. Asesoramiento personalizado, rápido y eficaz (para un instalador de energía)
6. "El sexo es una emoción en movimiento" – Mae West (para un coach y sexólogo)
7. Aquí es divertido aprender (para un centro de educación infantil)
8. Toda tu oficina en la palma de tu mano (para un negocio de facturación, contabilidad, etc.)

CONSEJO

- Utiliza **preguntas** que se dirijan a la parte emocional de tu cliente ideal: es fundamental que conozcas el punto de dolor de tu cliente y conocer perfectamente sus necesidades para poder dirigir tu pregunta en esa dirección y captar su atención.

- Crea textos incluyendo los **verbos de acción** mencionados anteriormente.

- Prueba a utilizar **frases célebres** que encajen con tu proyecto: ya sea una cita conocida por todos o incluso un refrán, si encajan con el mensaje que quieres transmitir, o se adaptan a tu visión del negocio, pueden ayudarte a conectar con tu cliente de forma directa.

- Genera **expectación**: haz que los usuarios quieran seguir leyendo.

- Transmite un mensaje **por cada página** de tu web para resaltar un aspecto o beneficio concreto.

FOMENTA LA ACCIÓN

Hasta ahora hemos hablado de contar historias y humanizar el contenido mientras hablas de tú a tú con el cliente y le ofreces la solución a sus necesidades.

Dentro de todo este relato de persuasión, quiero que cambies la percepción y vayas un pasito más lejos, para que puedas conseguir mejores resultados.

De nada serviría que comiences a crear contenido que realmente conecte con tu cliente, y después se vaya sin más. Es decir, debe hacer algo. Una vez que conecta contigo, **¿qué ocurre después?**

Es fundamental que a lo largo de ese relato fomentes la acción. Para ello deberás **utilizar verbos que vayan activando el interés de tu audiencia.** Olvídate de adjetivos y adverbios que rellenan las líneas pero no surten efecto en la mente de tu cliente. **Utiliza verbos de acción.**

Con los verbos **marcas la iniciativa y conectas directamente con las emociones de tu audiencia,** solo así podrás crear una influencia.

EJEMPLO

ADJETIVOS Y ADVERBIOS

Descárgate este **maravilloso** ebook **completo** y conviértete en un **estupendo** escritor

VERBOS DE ACCIÓN

Con este ebook **descubrirás** las técnicas clave de escritura para **impactar** con tus palabras.

¿Cuál crees que activa el cerebro de tu audiencia?

CONSEJO

Utiliza este lenguaje directo para crear contenido dinámico en todos los formatos: videos, podcast, artículos o emails.

Te dejo algunos consejos de verbos de acción que te ayudarán:

- Descubrir
- Conectar
- Crear
- Aprender
- Impactar
- Emocionar

- Mejorar
- Crecer
- Inspira

PÍDELE UN CLIC

Una vez que fomentas la acción a través de tus palabras y has conseguido conectar con tu cliente, la pregunta es, ¿y ahora qué?

No te puedes quedar de brazos cruzados. ¡Sigue ese flow!

Crea llamadas a la acción (lo que en marketing llamamos "call to action" o "CTA"). Generalmente, las personas piensan que les basta con poner un botón al final de la descripción o del artículo. ¡No!

Utiliza los CTAs a lo largo de tu contenido, no solo al final.

Debes continuar activando esa actitud. Cuando tu cliente conecta contigo, tú también conectas con él, habláis el mismo idioma y os comprendéis a la perfección, ¡dale caña!

Dependiendo de las circunstancias, **la acción que podrás pedir a tu usuario será uno u otro.** Es importante que midas tus capacidades en este momento.

Educa al cliente. Ve acomodando el terreno para que el usuario sienta tranquilidad mientras trata contigo. **Cuando lances la llamada a la acción, el clic debe suponer un pequeño compromiso. Mínimo.** La idea es que resulte una decisión fácil de tomar, sin consecuencias negativas.

EJEMPLO

Si es la primera vez que un posible cliente recibe contenido tuyo vía email y envías un CTA de venta de tu curso de 500€, es más que probable que recibas una negativa.

En cambio, si en tu primer email esa llamada a la acción solicita que el usuario rellene una sencilla encuesta de 5 preguntas, recibirás más interacción por parte de tu audiencia.

En ambos casos pedimos un clic o interacción por parte de nuestro cliente ideal, lo que varía es el nivel de compromiso que le pedimos.

CONSEJO

- Crea enlaces a lo largo del texto para guiar al usuario a otro artículo

- Añade varios botones a lo largo de los textos, tanto en artículos como en secciones fijas

- Crea acciones sin compromiso

- Utiliza diferentes textos e imágenes para los CTA, aunque se ubiquen en la misma página.

- Aprovéchate de palabras que van directas a nuestras emociones:

  - Rápido   - Exclusivo   - Ahora
  - Ganar   - Último día

Conecta con Google

Hasta ahora hemos tratado un aspecto más emocional o humano de todo nuestro contenido. Queremos ir directos al corazón de nuestro potencial cliente para generar confianza.

Pero no lo es todo.

Para poder conectar con la audiencia, el primer paso es atraerla. Es fundamental. Sin personas, no hay conexiones. ¿Cómo podemos atraer más clientes a nuestro blog o redes sociales? A través del posicionamiento web o SEO: el arte de aparecer en los primeros resultados de búsqueda en Google.

Para tratar sobre este tema más técnico, he invitado al experto en SEO Borja Girón, que te indicará las claves para mejorar el posicionamiento web de todo tu contenido.

Cuando queremos aparecer entre los primeros resultados de Google para conseguir que nuestros clientes o lectores potenciales nos visiten, **no hay nada mejor que crear un blog de calidad**. Este blog deberá estar en un directorio dentro de nuestra web del tipo web.com/blog para poder optimizar el SEO de toda la web y deberemos crear artículos de forma periódica con más de 1.000 palabras que solucionen un problema específico al lector.

Pero vayamos por partes, que esto es importante. Para conectar con Google los pasos que debemos seguir a la hora de escribir nuestros artículos perfectos son:

1. Definir el tema y marcar un objetivo
2. Escribir el post optimizado para SEO
3. Promocionarlo

Definir el tema y marcar un objetivo

Cada post debe estar escrito con un único propósito medible. Puede ser conseguir 1.000 visitas en 30 días, conseguir 20 suscriptores en 20 días o vender 5 productos relacionados con el artículo en 15 días. El caso es definir qué queremos conseguir con el post para poder medir los resultados después.

Por eso debemos pensar a quién nos dirigimos exactamente. ¿Son jóvenes? ¿Son personas mayores? ¿Qué poder adquisitivo tienen? ¿Qué nivel de conocimientos tienen? Etc.

Y en qué situación están, es decir, si están en una fase en la que buscan informarse, buscan aprender a usar algo, en una fase previa a la compra...**Es importante tener claro a quién te diriges en cada contenido.**

Una vez tenemos algo en mente es hora de acudir al planificador de palabras clave de Google para analizar si estas frases tienen búsquedas o no, además de poder ver la dificultad para posicionarnos entre los primeros resultados de Google con cada una de ellas (la competencia).

ENLACE
Planificador Palabras
Clave de Google
AdWords

EJEMPLO

Si vas a escribir un post titulado "Cómo ahorrar dinero comprando online", el usuario que llegue al post estará simplemente informándose en general. Además, será una persona para la que el ahorro sea importante y muy posiblemente ya esté comprando online otros productos.

El objetivo en este caso podría ser conseguir suscriptores ofreciendo algún libro gratuito sobre ahorro. Esto generará confianza.

Si el título es "Comparativa de los mejores seguros de salud", el lector va a estar en una fase cercana a la compra lo cual le hace más propenso a adquirir alguno de nuestros seguros (si es a lo que nos dedicamos).

El objetivo podría ser que el lector se pusiera en contacto con nuestro *call center* para ofrecerle más información.

Por último, si eliges un título como "Cómo ahorrar batería en el nuevo iPhone 6S", el usuario ya ha adquirido el producto y está buscando darle un mejor uso.

En este caso, el objetivo podría ser el tráfico, el mismo hecho de conseguir visitas, a parte de generar confianza. Sabemos que el usuario tiene un determinado producto, un alto poder adquisitivo y podremos orientarle para adquirir otros productos relacionados, como por ejemplo: carcasas para iPhone o cargadores de viaje.

CONSEJO

Empieza escribiendo artículos que sean fáciles de posicionar y que tengan poca competencia. Así irás consiguiendo tráfico poco a poco y podrás ir alcanzando tus objetivos más rápidamente.

Escribir el post optimizado para SEO

- EL TÍTULO Y LA DESCRIPCIÓN

Ya hemos elegido un tema y tenemos un objetivo. El título seguramente ya lo hayamos pensado, pero debes saber un par de detalles que marcarán la diferencia:

El título debe distinguirse del resto de títulos que aparecen en Google, por tanto siempre debes llamar la atención con coletillas del tipo "paso a paso", "2016", "con descuento", "guía DEFINITIVA", etc. Es decir, intentar hacer que el usuario se decante por hacer clic en tu resultado y no en otro.

Además, ayuda que la palabra clave más importante debe estar lo más a la izquierda posible. No es algo crítico, pero tenlo en cuenta en la medida de lo posible.

Cuando hablo de descripción, hablo de la etiqueta metadescription. Seguramente esto te suene a chino. Esta etiqueta no es más que la descripción que aparece debajo del título en los resultados de Google y es fundamental escribirla bien usando **técnicas de copywriting** para persuadir.

Para añadir esta etiqueta a tus artículos debes usar el plugin para Wordpress Yoast SEO.

ENLACE
Plugin Yoast SEO

CONSEJO

No superes los 55 caracteres en el título ni los 115 en la descripción para que no se corte en los resultados de PC o móvil.

- EL CONTENIDO

Ahora llega la parte más importante y difícil: **escribir el texto que solucione el problema del usuario.**

Lo mejor es siempre seguir la estructura típica:

Introducción, nudo y desenlace e incluir un índice que ayude a acceder directamente a cada sección.

Usar historias hará que el lector se pueda identificar mejor con la situación para generar distintas emociones y hacer el contenido más cercano.

Este contenido debe estar escrito para una persona en particular o separar las secciones especificando el tipo de persona que busca el post.

Utiliza una estructura combinada. Añade imágenes, vídeos, listas, menciones y enlaces que ayuden a entender mejor todo lo tratado e intenta escribir posts con un mínimo de 1000 palabras. Si superan las 2000 mejor. Es mejor escribir menos artículos de más calidad y más largos. Lo normal suele ser dedicarle unas 10 horas a un único post, pero es algo flexible y depende de tus conocimientos del tema.

Puedes investigar sobre el asunto en diferentes webs o libros para aportar más valor.

Por último añade las conclusiones con un pequeño resumen y no te olvides **de añadir la llamada a la acción en el medio del post y al final del todo.**

EJEMPLOS

La mayoría de los artículos relacionados con el marketing online que salen en las primeras posiciones de Google siguen esas indicaciones, puedes realizar una búsqueda directamente y comprobarlo para ver diferentes ejemplos que te inspirarán a la hora de trabajar. Analiza su estructura y lenguaje para intentar absorberlo.

CONSEJO

Añade en el primer párrafo una frase con las palabras clave que te interese posicionar. No abuses de esta frase en el resto del post a no ser que sea necesario. Intenta buscar palabras relacionadas y sinónimos. Además, debes escribir subtítulos y párrafos cortos que ayuden a la lectura y estructuren todo el contenido.

- Promocionarlo

Esta es la parte que se suele olvidar. Si has tardado 10 horas en escribir el post, debes dedicarle al menos otras 10 horas a promocionarlo. Lo recomendable es 20h, 30h o más. No exagero.

Si grandes marcas como IKEA, Red Bull o Mercedes Benz tienen presencia en redes sociales y promocionan el contenido de sus productos y posts en distintos medios como TV, periódicos y las redes sociales, ¿tú vas a ser menos? Claro que no.

Como es lógico, la inversión en este punto no será la misma, pero realizar buenas campañas en plataformas como Facebook Ads o Twitter Ads ayudará enormemente a dar a conocer tus propuestas, tu blog y tu negocio.

Por tanto, gestionar una buena estrategia en redes sociales es clave a la hora de conseguir un mejor posicionamiento en Google, ya que cuanto más tráfico recibamos, mejor nos considerará el buscador.

Además, no debemos olvidar **link building**, es decir, conseguir que otras webs o blogs hablen de nosotros y nos añadan algún enlace. Este es un tema más delicado, ya que requiere cierto conocimiento, por lo que en un principio lo que debemos buscar es conseguir crear contenido de tanto valor y tan original que otros webmasters que lo descubran lo enlacen en sus respectivos artículos.

El email marketing es fundamental y nos ayudará a distribuir nuestros contenidos y a recibir más tráfico. El email marketing es **uno de los pilares para generar engagement con los clientes** ya que es un canal directo de tú a tú.

Existen otros métodos para promocionar nuestros contenidos como los podcasts, el vídeo en streaming o los eventos y conferencias. Lo importante es **encontrar la fórmula con la que podamos recuperar la inversión** que supone crear todas estas campañas.

EJEMPLO

Para promocionar alguno de mis libros, por ejemplo, creo campañas en Twitter Ads marcando un límite de gasto de unos 3/5€ al día y definiendo el público que quiero que vea el anuncio.

Eso sí, no anuncio mi nuevo libro directamente, sino que anuncio un ebook que regalo con consejos, en el que añado al final un enlace al libro de pago para aquellos lectores que quieran seguir aprendiendo.

También promociono directamente algunos artículos concretos segmentando igualmente al público.

Con estas campañas muchas veces no consigues beneficios directos, lo que se consigue es generar tráfico para ir mejorando tu marca personal o la de tu empresa.

CONSEJO

No te vuelvas loco estando en todas las redes sociales que conozcas si no vas a tener actividad. Elige bien las redes sociales en las que estarán tus clientes/visitantes y ofrece contenido de valor de forma periódica.

Las herramientas de automatización ayudan, pero sólo si se usan con cabeza. Siempre es mejor mandar mensajes personalizados uno a uno de forma manual que enviar mensajes automáticos sin personalizar a miles de personas.

REVISA LO QUE ESCRIBES

Si ya me conoces un poco, sabes que soy una maniática de la ortografía. Aunque no lo fuera, sería mi obligación pedirte que **revises todo el contenido que creas.** Todo. Cada artículo que escribes, cada actualización de Facebook o cada email que vas a enviar. Revísalo.

Los errores ortográficos o gramaticales perjudican tu imagen como negocio.

Puede que a ti, personalmente, no te afecte ver una falta de ortografía en la pizarra de un bar. No olvides que no todas las personas pensamos de la misma manera, y ¿si pierdes un cliente por no revisar el lenguaje correctamente?

Y no me refiero solo a la ortografía. También debes revisar la construcción de la frase, asegurarte de que se entiende correctamente, que no utilizas demasiados tecnicismos o incluso un tono demasiado jocoso.

En el caso de las redes sociales, no es conveniente mezclar asuntos políticos o religiosos en la cuenta de tu negocio. Cuando hablamos de temas profesionales, siempre hay lugar para humanizar, como te decía antes, pero existe una línea del sentido común que no debes sobrepasar.

EJEMPLO

Diario La República
@larepublica_pe

Ministra Eda Rivas se salva de ser sensurada por el Congreso con 52 votos a favor y 54 en contra [Avance] ow.ly/q243b

21/10/13 14:09

CCOO CLM
@ccooclm

El hueco que deja Rosalia Mera (DEP) en la lista #Forbes ya ha sido ocupado por otro/a. Que también se morirá, tarde o temprano.

16/08/13 00:17

CONSEJO

- No escribas en mayúsculas. En internet significa que estás chillando.
- Relee el texto, por si acaso.
- Cuida la ortografía. Recuerda que "ti" nunca va con tilde. Revisa los "porque" y "por qué" y "como" o "cómo". Son los errores más habituales.
- Vigila el tono: no te pases de gracioso ni de demasiado serio.
- Si no estás seguro, utiliza un corrector ortográfico. Todos cometemos errores.
- Evita las frases demasiado largas que confunden (y dejan al lector sin aire). Utiliza comas y puntos.
- Combina frases largas con frases cortas para ofrecer al texto un ritmo.

AÑADE UN POCO DE DISEÑO

Te hablaba al principio de los canales de PNL (Programación Neurolingüística). Ahora ya sabes que todos tenemos un canal visual. Y aunque no sea el canal predominante, lo tenemos, existe, está ahí.

Una buena presentación puede ayudarte a conectar con tu audiencia. Siento decirte que no existen fórmulas mágicas para crear un buen diseño. **El diseño variará en función de tu público y el contenido.** Por eso es fundamental que conozcas bien a tu cliente ideal (lo repetiré hasta la saciedad).

Un contenido presentado de forma adecuada, te ayudará a vender más y mejor. Además de ofrecer una imagen profesional de calidad, muestra un interés por un trabajo bien realizado.

El diseño no se refiere solo a la elección de colores. El diseño también hace referencia a la distribución y colocación de los elementos, la experiencia de usuario, la navegación a través de la web o el orden de todo el conjunto.

Y recuerda que tu propio proyecto, **es un reflejo del trabajo que realizas para tus clientes.** Así que la pregunta es: **¿qué imagen quieres ofrecer a tus clientes?**

EJEMPLO

De una forma también muy visual, te muestro la diferencia entre una web con un diseño cuidado, y una web abandonada en el aspecto creativo:

CONSEJO

El diseño va más allá de una imagen bonita.

Debes crear un contenido visual acorde a tu actividad y público y tener en cuenta varios canales:

- Diseño y estructura de la web
- Tipografías que utilizas
- Fotografías que utilizas
- Imágenes de redes sociales
- Imágenes y firmas de email
- Diseño de tus videos
- Diseño de presentaciones

Si el diseño y tú no os lleváis bien, tienes dos opciones:

- Comprar plantillas en marketplaces que sean fáciles de modificar.
- Contratar un profesional que diseñe tu imagen.

DALE UNA OPORTUNIDAD AL VÍDEO

Créeme. Por experiencia sé que no hay nada más directo y eficaz como el video, a día de hoy. Los *youtubers* triunfan, y por algo será.

En mi blog hablé de 12 buenas razones para empezar a grabar videos, y no te lo deberías perder.

Cada vez leemos menos.

El video es una herramienta excelente para conectar con tus clientes.

Cada vez tenemos menos tiempo para consumir contenidos en internet. Obviamente, lo realmente interesante es ofrecer contenido variado: textos, imágenes, audios y videos. A menos que te quieras especializar en un formato concreto. Eres libre.

ENLACE
12 razones para
crear videos

Las personas compramos personas. No hay duda. Elegimos un servicio u otro en función de la confianza que nos ofrece quien lo vende, o por cómo lo vende. Gracias al video tenemos la oportunidad de conocer en mayor profundidad a esa persona.

La mayor parte de nuestra comunicación, se basa en la comunicación no verbal, y solo gracias al video podemos transmitir este aspecto y mejorar la comunicación.

El video merece una oportunidad.

Sé que te cuesta grabar esos videos, que lo has pensado alguna vez pero no te has decidido todavía. Así que comienza ya. Da igual cómo salga. Da igual que te trabes o te rasques la cabeza.

Tus usuarios verán cómo gesticulas, cómo hablas, tus expresiones reales, cómo modulas la voz, etc. **Gracias a una simple mirada podemos conectar con una persona** y sentir ese *feeling*. Y tú puedes conseguirlo ahora.

Olvídate de la iluminación, de la pared de fondo o de la ropa que puedas llevar. ¿Recuerda lo que te hablaba en el capítulo sobre PNL?

EJEMPLO

Las ventajas del video no se refieren solo al nivel de conexión.

El video conseguirá que los usuarios te recuerden con mayor facilidad.

Además, la efectividad es realmente alta, ya que **de un solo video puedes conseguir varios formatos**: una vez grabar un video, deberás transcribir el contenido y pasarlo a texto para beneficiarte del posicionamiento web, por lo que podrás aprovecharlo y tendrás un artículo escrito.

Además, podrás extraer el audio de ese video y **utilizarlo en plataformas de podcasting** para ampliar tu círculo y aumentar tu alcance.

CONSEJO

No es necesario que crees un video súper profesional en un estudio de grabación. Puedes comenzar desde tu casa, con tu smartphone o tablet.

Las recomendaciones que te sugiero son:

- Grábate con un plano americano (desde la cabeza hasta la cintura)
- Utiliza siempre un trípode o un soporte fijo.
- Gesticula con naturalidad.
- No memorices las frases. Sé tú mismo.
- Indica tu web durante todo el video.
- No generes videos de más de 10 min.

No te preocupes si te trabas. Es algo normal y aporta naturalidad. Además, recuerda que puedes grabar tantas escenas como desees. Seguro que no saldrá todo perfecto a la primera.

Además, si puedes, crea una intro para tus videos que te ayuden a ofrecer un video más profesional.

EL CONTENIDO NO MUERE

Imagina que escribes un libro. Has escrito la novela de tu vida. Un futuro best-seller. Has escrito por fin esas palabras que te llevarán a triunfar. Ya te lo imaginas: todos los medios de comunicación querrán entrevistarte y alcanzarás un reconocimiento internacional, venderás un montón de ediciones y los premios no dejarán de llegar. **¿Te lo imaginas?**

Ahora imagina que después de escribir ese libro, lo publicas, y dejas una única unidad en la librería. Esperando a que los amantes de la lectura lleguen y descubran tu increíble historia.

No tiene ningún sentido.

Lo llevarías a un montón de librerías, crearías carteles de promoción. También ofrecerías el formato digital para venderlo en Amazon, Fnac o Casa del Libro, ¿verdad? **No tendría ningún sentido crear algo y esperar a que los clientes vengan a por él, si ni siquiera saben que existe.**

Lo mismo ocurre con tu web. Dentro de tu **creación de la estrategia de marketing online**, y el marketing de contenidos, **es fundamental que pienses también en tu plan de difusión.** Deja de ser invisible y no te quedes atrás. Debes diferenciarte de la competencia. **Si realmente quieres lanzarte y potenciar tu negocio, la estrategia de contenidos es vital.** Te ayudará a posicionarte, tanto en Google como en el mercado, pero además te permitirá generar confianza con tu cliente ideal, acercarte a él y asentarte como un referente del sector.

Tu estrategia de contenidos no se limita solo a escribir.

Recordemos que:

El marketing de contenidos es el arte de crear y difundir contenido de alto valor.

Crear y difundir. Y esta parte es la que muchos negocios olvidan. La mejor forma de conseguir la visibilidad de nuestro contenido y potenciar nuestro negocio es crear un plan de difusión, de esta forma conseguiremos el mayor número de lectores en nuestro blog.

¿Qué canales de difusión existen?

Lo primero que debes conocer son todas las opciones que existen actualmente al alcance de tu mano y que puedes gestionar desde el primer momento. Cada canal funciona de una forma diferente, por lo que es importante que tengas en cuenta adaptarte a cada canal.

A continuación te indico las que considero más importantes y viables para ti y tu negocio:

REDES SOCIALES

Diría que es el canal más importante. Es totalmente gratuito y al tratarse de medios sociales, es donde el usuario está más receptivo para escucharte. Me atrevo a decir que **las redes sociales más importantes son Facebook, Twitter y Google+**. Si tu contenido es más visual, también puedes apostar por Instagram y Pinterest. Y si te animas con el video, puedes lanzarte con YouTube. Y si cuentas con contenido muy técnico o profesional, te invito a que gestiones Linkedin.

Eso no significa que no existan otras redes sociales. **Haz un análisis exhaustivo y decide bien cuáles son las redes sociales más interesantes para tu negocio.** Una vez los identifiques, aprovecha estas plataformas para difundir el contenido que generes en tu blog.

Si todavía no cuentas con demasiados seguidores y tu contenido no alcanza la audiencia que deseas, **puedes aprovechar los grupos de Facebook y Linkedin o comunidades Google+.**

Además, puedes revisar las características de cada red social para encontrar las que mejor se adapten a las necesidades de tu negocio.

PUBLICIDAD EN REDES SOCIALES

Seguro que ya conoces **Facebook Ads o Twitter Ads.** Con estas herramientas, puedes crear anuncios por cada publicación que realices para garantizar mayor visibilidad de tu contenido.

La inversión en estas plataformas es mínima y el alto grado de segmentación de tu audiencia te permite optimizar cada vez más los anuncios. **Te aconsejo que realices un buen seguimiento de las acciones que realices para mejorar tu estrategia cada día** un poquito más.

EMAIL MARKETING

El Email Marketing es fundamental en muchos puntos de tu estrategia de marketing. No solo como canal de difusión. **Es imprescindible que cuentes con una lista de correo.** De esta forma, tienes la garantía de que tus suscriptores leerán tu contenido. De hecho, podrás ver qué contenido les resulta más interesante según las tasas de apertura y de clics.

El email te permite cultivar una relación cercana y de confianza con tus suscriptores. En el email marketing, los lectores reciben con agrado tus contenidos e incluso dejas la puerta abierta para recibir cualquier feedback que te ayude a mejorar tu estrategia. Además, en todos los casos, los usuarios que se encuentran en tu lista de correo, son los lectores más fieles y los de mejor calidad.

¿Qué significa esto? Que **seguramente serán los usuarios que más interactuarán contigo y seguirán fielmente tus acciones.** Y, evidentemente, están contigo porque les interesa lo que cuentas, por lo que a la hora de ofrecer contenido *premium*, también serán los que cerrarán la venta.

ENLACE
Cómo elegir las redes sociales de tu negocio

ENLACE
Beneficios del email marketing

111

AGREGADORES DE CONTENIDO

Estos agregadores son plataformas donde se recopilan las noticias más importantes. Algunas son verticales y se basan en un solo sector (Mktfan, por ejemplo). El agregador de contenido más importante en España es Menéame.

También por eso resulta tan difícil conseguir un hueco. Son herramientas realmente útiles para autores como para usuarios y te ayudarán a optimizar la difusión de tu contenido.

Aquí tienes un breve listado de agregadores de contenido que te podrían ser de utilidad:

- Menéame
- Bitácoras
- DivoBlogger
- Divúlgame (contenido científico)
- Mktfan (contenido sobre marketing)
- Feedly
- Karmacrazy

Mi recomendación es que **comiences trabajando las redes sociales y una lista de correo** lista para hablar directamente con tus lectores. Al principio será lento, pero poco a poco obtendrás buenos resultados.

Si tu situación económica te lo permite, también puedes invertir pequeñas cantidades en Facebook Ads y atraer mayor volumen de tráfico. Mejorarás los resultados y te ayudará a crecer con mayor rapidez.

Cada día leo muchos emails y muchas noticias que dicen que te olvides del SEO, pero yo no me cansaré de aconsejarte que seas listo y te aproveches de todas las herramientas que tienes a tu alcance. Y el SEO es una de ellas. ¡Pon a Google de tu lado!

DESNÚDATE

Bueno, no literalmente.

Me refiero a que te muestres tal y como eres. **Haz que el contenido tenga tu perspectiva, muestra tu visión del mundo y de tu negocio.**

Tú eres quien hace tu negocio único. Por eso, es importante que todo el contenido que ofrezcas a través de tu web, blog y redes sociales tengan tu seña de identidad.

Si en tu vocabulario se repite una muletilla, una expresión concreta, o tienes una forma de hablar peculiar, no lo escondas. **Plasmar tu personalidad en tu contenido puede marcar la diferencia con tu competencia.**

Además, te invito a que **te muestres físicamente.** Hazte fotografías de calidad, de profesional, si puede ser, y haz que te conozcan los usuarios. También puedes utilizar el video, que es una táctica muy eficiente para conectar con tus clientes. Es totalmente transparente y crea un vínculo de confianza y cercanía.

En las redes sociales, muéstrate cuando vayas a un evento, ofrezcas una conferencia o quieras compartir algo personal con tu audiencia.

Aunque no será el contenido matriz, esto ayudará a generar la conexión que buscas con tus usuarios.

EJEMPLO

Te presento tres ejemplos de páginas web.
1) Muestra imágenes genéricas
2) Muestra imágenes de stock, compradas en bancos de imágenes
3) Muestra imágenes reales del profesional/es que están detrás

¿Cuál te genera mayor confianza?

La primera impresión que nos ofrece una persona, es fundamental. Y aunque internet sea un terreno hostil, es vital que intentemos traspasar esa barrera y podamos crear una atmósfera humana y de confianza a través de diferentes recursos.

Hola :)

Soy Álvaro Fernández y llevo más de 12 años trabajando en exclusiva como diseñador web freelance. Lo que comencé siendo un trabajo más o menos alternativo para una sola persona, se ha ido convirtiendo con los años en un sector multidisciplinar que crecía necesariamente de la intervención de diferentes gremios y asesoramiento.

La experiencia de todos esos años de trabajo me han permitido crear un sólido equipo de colaboradores altamente especializados en diversas áreas en el campo web. Siempre aconsejados por Tauron Bergos, otro profesional que tanto en la que me supone en 2009 y con el tango la sintonía de trabajo día a día, cada vez más fluido.

Ofrezco soluciones integrales a empresas y profesionales de cara a crear su imagen digital y a conectar con sus usuarios, ya sea mediante grandes o pequeños presupuestos

CONSEJO

Utiliza fotografías tuyas o de tu equipo no solo en la página Sobre mí, también a lo ancho y largo de la página web.

Te animo que tengas varias fotografías, con diferente ropa y posturas, para que puedas crear diversos banners, imágenes para tus artículos o que puedas utilizar en secciones como Servicios.

Recuerda que la primera página que ve un usuario, generalmente, es la de inicio. Por lo que te propongo que añadas tu fotografía o la de tu equipo ahí mismo, para que captes la atención de tu audiencia y **generes esa conexión humana con tu cliente potencial desde el primer momento.**

El RETORNO ECONÓMICO

Durante todos estos capítulos te he hablado de conectar con las personas con el fin de hacer crecer tu negocio. Y es probable que a estas alturas te preguntes cómo es posible que las simples relaciones humanas te ayuden a facturar más.

Sería demasiado utópico (incluso para mí) decir que solo por conectar, facturas más.

Ojalá fuera cierto.

Pero como estrategia de marketing, el marketing de contenidos no trata solo de ayudar y ser simpáticos. Debemos enfocar correctamente esta estrategia y saber por qué realizamos cada acción.

John Wanamaker, un empresario estadounidense del siglo XIX dijo: "La mitad del dinero que gasto en publicidad se desperdicia, el problema es que no sé qué mitad".

En este libro no hablamos de publicidad, pero ocurre exactamente lo mismo, que debemos crear nuestra estrategia en base a los datos obtenidos, para no desperdiciar ni tiempo ni dinero.

En más de una ocasión se me repite esta misma situación: un cliente me pide que genere contenido promocional de sus servicios, única y exclusivamente. Yo abogo por crear contenido relacionado que pueda ayudar a los usuarios, que genere una reacción emocional, o que proyecte en la imagen del usuario una imagen de marca de confianza.

Entiendo la impaciencia del cliente y la necesidad de recuperar la inversión con máxima rapidez, pero el cerebro del ser humano no funciona de forma inmediata y cada vez hay más recelo para confiar en los negocios. Después de años de publicidad invasiva, intrusiva y fórmulas recurrentes, el ser humano pide una comunicación más humana y un proceso más trabajado, por lo que también resulta más difícil de medir y sistematizar.

Estamos en la era de la personalización.

Y a pesar de ello, sí debemos intentar medir nuestras acciones para seguir trabajando en la dirección correcta.

He creado este capítulo para ofrecerte unas nociones de **cómo puedes medir la efectividad de tu estrategia** y, sobre todo, he tenido en cuenta a los más escépticos.

El marketing de contenidos no es cuestión de creer o no creer. Realmente funciona y te ayuda a conectar con las personas, y podrás comprobarlo en tu propio negocio.

La estrategia de contenidos requiere de tiempo y paciencia para comenzar a ver sus frutos. Según un estudio de HubSpot y MIT, el 85% de las empresas aumentó su tráfico en los primeros 7 meses de comenzar a trabajar el Inbound Marketing (el proceso a fuego lento), y el 92% de las empresas incrementó el tráfico. Asimismo, el 42% de las compañías incrementaron su tasa de conversión, y lo consiguieron en 7 meses.

Según este estudio, generalmente las estrategias se basan en el blog, redes sociales, landing pages o SEO.

El ROI es el retorno de la inversión, es decir, el beneficio que obtienes tras realizar acciones de promoción, incluyendo todos los costes que esta acción pueda suponer.

La fórmula para calcular el ROI es:
(ingresos-costes)/costes

Calcular el ROI del marketing de contenidos resulta una actividad frustrante, no puedo negártelo. En la mayoría de las ocasiones, los profesionales realizan cálculos en función de me gustas o actualizaciones compartidas, pero se dejan de lado sentimientos causados en los usuarios, el boca a boca, o si gracias a un contenido concreto el usuario ha realizado una búsqueda orgánica del negocio, por ponerte algunos ejemplos.

Sí existen algunas herramientas de pago que calculan el sentimiento provocado en los usuarios, por ejemplo, pero siento decirte que hablamos de herramientas realmente caras que, habitualmente, no están al alcance de todos.

Por eso quiero ayudarte a buscar una solución y **cuantificar el resultado obtenido gracias a tu estrategia de contenidos.**

No resulta tarea fácil simplificar la fórmula del ROI en este caso.

Y todo lo que no se mide, no se puede mejorar.

Generalmente, el marketing de contenidos forma parte de la primera fase del embudo de ventas, primero los atraes para después ir filtrándolos hacia una venta concreta. Este proceso a fuego lento suele ser largo y difícil de concretar. Lo que significa que la conversión pude darse en esta primera fase, o quizás en la quinta, incluso una combinación entre varias.

Desde la analítica más exhaustiva hasta la más pragmática, voy a plantearte algunas soluciones para comprobar la efectividad de tu marketing de contenidos:

ANÁLISIS EXHAUSTIVO DE ROI

1. **Define tus objetivos** y, en consecuencia, los KPI. Tus objetivos pueden ser varios en cada caso. Por ejemplo: conseguir leads, conocimiento de marca, ventas, etc.

Los KPI son los indicadores que nosotros determinamos en función de nuestros objetivos. Es decir: no de ventas, no de leads, no de visitantes en la web, no de followers, etc.

2. **Añade un valor económico a tus KPI**: al igual que lo hacen los sistemas de publicidad online como Google AdWords o Facebook Ads, que te indican si cada clic o cada conversión ha tenido un coste de 1,50€ o 0,03€. El importe que asignes a los KPI dependerá también del precio de venta de tus servicios o productos, claro. Por ejemplo, puede ser correspondiente a la media de compra que realiza cada cliente. Y deberás estimar un balance entre la venta, y este KPI. Si tus clientes se quedan trabajando contigo un largo periodo de tiempo, deberás estimar el valor de ese tiempo como media. Por ejemplo, si necesitas 100 leads para cerrar una venta, y el valor de tu servicio se establece en 700€, cada lead tendrá un valor de 7€. Al contrario, si tu servicio tiene un valor de 500€ y cada cliente se queda contigo una media de 5 meses, suman un total de 2.500€ por cliente; por lo tanto, ese mismo lead cualificado tendría un valor de 25€. Intenta que este cálculo sea lo más real posible para que puedas determinar si necesitas mejorar tu estrategia.

3. **Calcula el coste de la creación de contenidos**: mide el tiempo y personal que necesitas para la creación de todos estos contenidos que hemos tratado. Si realizas vídeos, deberás incluir también la edición, por ejemplo, y si trabajas el email marketing, también deberás contar el tiempo de trabajo para crear todo el embudo.

Deberás incluir también los gastos de utilizar herramientas de automatización u otros. Asimismo, si utilizas publicidad online para promocionar tus contenidos, también deberás incluir esa inversión como gasto.

Además, la vida útil de los contenidos que creas es realmente larga y siguen ofreciendo buen rendimiento a pesar de que pase el tiempo, por lo que siguen atrayendo usuarios de forma constante. Por eso, al realizar el cálculo de este ROI, es fundamental que limites el tiempo: puede ser un mes, un trimestre o un año, por ejemplo. Te permitirá analizar datos orientativos que te guiarán en la dirección correcta.

Recuerda la fórmula para calcular el retorno de la inversión en marketing: (ingresos-costes)/costes

Si necesitas poner números a cada tarea, con esta información podrás comenzar a calcular los beneficios que obtienes con el marketing de contenidos.

ANÁLISIS PRAGMÁTICO

Si los números no te vuelven loco, te recomiendo que no te obsesiones con el ROI, pero sí que tengas muy en cuenta las conversiones que consigues con tus acciones, y para ello, siempre puedes trabajar con las estadísticas e informes que podrás generar en función de las visitas, los seguidores o followers y, sobre todo, interacciones en redes sociales. No necesitarás invertir tanto tiempo a analizar cada publicación, ya que directamente lo visualizarás con facilidad en esos KPI y en la facturación de tu negocio.

Sí te recomiendo que establezcas los KPI, es decir, si lo que necesitas son visitas, leads, o ventas. Y te recomiendo que los mantengas en tu foco cada vez que realices una acción de marketing concreta.

Como te digo, realiza una revisión periódicamente, y anota las observaciones de cada caso: es decir, anota qué has hecho diferente en esa ocasión. Así podrás saber la razón de por qué sube o baja la gráfica.

Te recomiendo que realices este análisis cada semana o, al menos, una vez al mes.

También te aconsejo que añadas una columna de gastos (herramientas de automatización, etc.) e inversiones (publicidad online), así como los leads conseguidos, para mantener siempre presente el balance.

Aunque resulte un análisis más básico, es fundamental que realmente te ofrezca datos relevantes que te permitan conocer el estado de tu estrategia y su efectividad. De nada serviría trabajar a ciegas. A nadie le sobre el dinero, y mucho menos el tiempo.

No olvides que podrás utilizar tus contenidos una y otra vez en las redes sociales para captar interés. Tu contenido no muere. Pero es fundamental marcar una línea temporal para poder crear analíticas fiables.

EJEMPLO

Yo, personalmente, reviso todos los datos semanalmente. Lo hago tanto para mí, como para mis clientes. Me lleva tiempo, pero tengo reservado en mi agenda que los lunes a primera hora, esa es mi tarea.

Tengo preparada una hoja de cálculo donde añado los seguidores de cada red social, las visitas de la web, y las interacciones del post semanal, tanto en el blog como en las redes sociales.

Asimismo, anoto si esa semana he utilizado una temática concreta (lo clasifico por categorías), o he fomentado más el uso de un formato u otro, por ejemplo.

A continuación, incluyo los gastos e inversiones semanales (la cuantía mensual dividida entre 4), y finalmente añado las solicitudes de presupuesto que ha recibido mi cliente.

También indico cuántas de esas solicitudes han sido aceptadas finalmente, claro.

Gracias a esta hoja de cálculo y todas las columnas con las fórmulas apropiadas, puedo ver con facilidad la conversión y el crecimiento de cada negocio.

Si lo prefieres, puedes asignar un valor económico a estos KPIs, como veíamos en el análisis exhaustivo, para obtener datos más concretos. Te pongo un ejemplo:

- Necesitas 1000 visitas para conseguir una solicitud
- Necesitas 5 solicitudes para conseguir una venta
- Tu servicio se vende por 500€

Esto significa que cada solicitud tiene un valor de 100€, y que cada visita son 0,10€.

Esta fórmula se puede adaptar a cualquier negocio y te permitirá saber si vas por el buen camino.

CONSEJO

Si buscas analizar todos los datos, crea una hoja de cálculo donde puedas realizar el seguimiento de tus publicaciones. Puedes añadir a tu calendario de publicaciones un apartado para introducir la conversión de cada publicación una vez haya pasado el tiempo que has estimado.

Si prefieres calcular cada actualización, te traigo algunas fórmulas para calcularla conversión en las redes sociales y el blog aplicando las siguientes fórmulas. Son las mismas que muchos profesionales del marketing utilizan.

Facebook:
[(reacciones + comentariosx2 + compartidosx3)/personas alcanzadas] x100

Twitter:
[(me gusta + RTx2 + clicx3 + abrirx2)/impresiones] x100

Instagram:
[(me gusta + comentariox2)/alcance] x100

Blog:
[(visitas post + comentariosx2 + interacciones redes sociales x3)/usuarios únicos] x100

En el caso del blog, el cálculo es un trabajo más complejo y tedioso, ya que es muy habitual conseguir interacción por parte de los usuarios en redes sociales, y mantener el número de comentarios en el blog más bajo.

Por lo general, **te recomiendo mantener los valores entre 3-5%.** Si lo consigues, significa que tu estrategia de contenidos está funcionando adecuadamente. Si superas estas cifras, ¡genial! Pero no te duermas en los laureles y trata de no bajarlas nunca.

Si poco a poco obtienes mejores resultados, márcate un listón y no permitas que la media baje de esa cifra. Si te exiges calidad y esfuerzo, solo podrás mejorar. Y así te convertirás en referente del sector.

En cualquier caso, te recomiendo que analices los resultados, ya sea con una revisión básica o compleja, es de vital importancia que conozcas la efectividad de tu estrategia de contenidos. Si no mides, nunca sabrás si has mejorado o si debes enderezar el camino. SI no mides, jamás sabrás si merece la pena lo que estás haciendo.

Además, es fundamental que te sientas cómodo con la información que obtienes y el tiempo que inviertes para conseguirlo. Ser consciente de tus resultados te ayudará a mantener la motivación en el día a día, cada vez que vayas a generar el contenido, sea en el formato que sea, tendrás ese pinchacito que te inspire para mejorar cada vez más los resultados.

Pero recuerda siempre: **MIDE, MIDE Y MIDE.**

Nunca trabajes tu estrategia de marketing online a ciegas. **No seas como Wanamaker y no tires el dinero.**

Recuerda siempre que tu plan de contenidos necesita de tiempo y paciencia para conseguir los frutos, debes sembrar antes de cosechar resultados, y al menos necesitarás unos meses para visualizar los beneficios.

Pero si realmente trabajas con una hoja de ruta clara, si tu estrategia está realmente enfocada y dirigida para ayudar a tu cliente ideal, te prometo que tarde o temprano conseguirás los resultados.

Recomendación Final

Añade una pizca de humor y entretenimiento a tu contenido.

Cuenta anécdotas o utiliza expresiones con un tinte de humor para acortar las distancias y crear un vínculo afectivo con tu audiencia.

¿Sabías que...?

Los contenidos que más se comparten no dependen tanto del formato, si no del contenido en sí. Los contenidos más virales son aquellos que nos hacen reír.

Recuerda:

A las personas nos gusta reír.

Tu Reto: Revoluciona Tu Negocio

Si has llegado hasta aquí, estás preparado para poner en marcha tu estrategia e implementar todo lo que has descubierto durante estas páginas.

Es momento de revolucionar tu negocio.

De nada servirían todas estas palabras, si ahora no pasas a la acción. Así que te traigo tu Reto Final para Conectar con tus Clientes.

Todo lo que hemos hablado a lo largo de este libro, quiero que lo pongas en marcha y lo adaptes para conseguir tus propios resultados. Busca el balance perfecto entre tus objetivos como negocio y lo que tus usuarios quieren encontrar.

Con tu contenido, crea una experiencia para el usuario, ellos recordarán cómo se sintieron cuando conectaron con tu negocio.

¿Vamos?

Antes de pasar a crear tu propia estrategia, quiero adelantarme y ofrecerte consejos vitales para que tu día a día y tu estrategia resulten compatibles y lo menos estresantes posible:

1. **Reserva en tu agenda un espacio** (4-6 horas) cada semana o cada dos semanas para crear contenido. No conseguirás crear todo este material en un solo día, por lo que es mejor que organices tu agenda.

2. **Trabaja siempre con antelación** (lo ideal es tener contenido con, al menos, un mes de antelación).

3. **Marca los días internacionales** que encajen con tu actividad o consideres relevantes. Busca en Google y encontrarás desde páginas dedicadas a esta información, hasta calendarios que podrás añadir en tu ordenador.

Si automatizas estos pasos, conseguirás un mecanismo más fluido y, en consecuencia, obtendrás mejores resultados.

Lee de nuevo estos tres pasos.

Ahora estás preparado para comenzar con tu estrategia.

Te indico **paso a paso cómo crear tu estrategia de contenidos para conectar con tus clientes**, teniendo en cuenta todas las claves que hemos trabajado hasta ahora. Recuerda que en cada paso de esta estrategia deberás implementar todos los temas que hemos trabajado a lo largo de los capítulos anteriores:

1. **Define tu cliente ideal:** utiliza el mapa de empatía

2. **Marca tus objetivos:** pueden ser uno o varios como: mejorar el SEO, generar interacciones, conseguir más tráfico, etc.

3. **Investiga:** analiza qué palabras clave puedes utilizar, tanto en buscadores como en redes sociales, y en función de tu cliente ideal, define una selección.

4. **Revisa tu web:** asegúrate de que tanto el diseño como el contenido trabajan alineados con tus objetivos y el perfil de tu audiencia. Si no es así: modifica. Sigue el método Prueba/Error.

5. **Revisa tu eslogan y los mensajes** que transmites.

6. **Define 5 temas clave** o categorías que vas a tratar con tu contenido: esta será la línea de tu estrategia. Por ejemplo, si hablamos de coaching de negocios, tus 5 temas podrían ser:
   a. Liderazgo
   b. Motivación
   c. Productividad
   d. Inspiración
   e. Gestión de equipos

7. **Planifica tu calendario:** elige tus redes sociales y crea un calendario editorial para tus publicaciones.

8. **Crea 5 contenidos** (en el formato que desees) por cada tema que hayas elegido: en total, hablamos de 25 post/vídeo/podcast, por lo que generarás suficiente contenido como para 5 meses.

9. **Busca material externo** que complemente tus 5 líneas de contenido (vídeos, frases, entrevistas, etc.) y prográmalos en tu calendario de publicaciones. Utilizarás este contenido en tus redes sociales para afianzar la conexión con tus clientes potenciales.

10. **Publica**: analiza los mejores días y horas para conseguir mayor interacción y conexión con tus usuarios.

11. **Conversa**: responde a los comentarios y agradece a tus seguidores. Haz preguntas y crea debates interesantes para generar interés en tu negocio. **Responde siempre a los comentarios** de los usuarios en tu blog y redes sociales. Sean positivos o negativos (puedes leer sobre cómo gestionar los comentarios negativos), es fundamental para crear una conexión con tu audiencia, no solo con los que te escriben, si no con todas aquellas personas que vean tu respuesta. Aportas credibilidad.

12. **Dale alas a tu negocio**: programa también con antelación la difusión del contenido:

- Envía emails a tu lista de suscriptores para informar de todo lo que has publicado.
- Reutiliza los contenidos con mayor éxito y publícalos pasado un tiempo.
- Comparte los contenidos en grupos de Facebook que se adapten a cada contenido.
- Promociona tus publicaciones con mayor interacción a través de la publicidad de Facebook para ganar mayor alcance.

ENLACE
Gestiona los
comentarios negativos

13. Analiza. Mide, mide y mide. Siempre, anota tus resultados e interpreta los datos obtenidos. Nunca olvides por qué realizas las acciones.

Lo bueno del marketing de contenidos es que el contenido nunca muere y siempre puede continuar atrayendo nuevos posibles clientes a tu web. Es la magia del marketing de contenidos.

¿Todavía no tienes un calendario de publicaciones?

Hoy es tu día de suerte.

Te traigo un ejemplo que puedes utilizar en tu propio ordenador con facilidad.

El calendario de publicaciones te permitirá organizar todo tu contenido en función de tus objetivos. De esta manera, **nunca perderás el foco y tendrás toda tu estrategia de manera coherente.** De un solo vistazo, podrás detectar errores, lagunas, repeticiones, etc.

lacmedia	EMPRESA/WEB			CALENDARIO DE PUBLICACIONES		
			MES			
LUNES	MARTES	MIÉRCOLES	JUEVES	VIERNES	SÁBADO	DOMINGO
1 FACEBOOK Título CTA Keywords	2 BLOG Título CTA Keywords	3 FACEBOOK Título CTA Keywords	4 INSTAGRAM Título CTA Keywords	5 YOUTUBE Título CTA Keywords	6	7
8	9	10	11	12	13	14
15	16	17	18	19	20	21
22	23	24	25	26	27	28
29	30	31				

LEYENDA				
BLOG Título CTA Keywords	FACEBOOK Título CTA Keywords	INSTAGRAM Título CTA Keywords	YOUTUBE Título CTA Keywords	PROMOCIÓN Título CTA Keywords

INSTRUCCIONES	1. Indica la empresa y el mes del calendario 2. Para ajustar el Excel a cada mes, solo cambia la fecha de la primera fila. El resto se cambia automáticamente. 3. Personaliza los canales y las categorías según tus cuentas 4. Marca previamente los días internacionales o importantes, para preparar el contenido con tiempo.

Puedes utilizar el calendario antes de crear el contenido definitivo, como hoja de ruta, y rellenar después los datos reales que has utilizado, para comenzar a programar tanto el contenido como su difusión.

Anota la siguiente información en tu calendario:

1. Canal (blog o red social)
2. Título previsto
3. CTA o llamada a la acción que promocionarás
4. Keywords o palabras clave que utilizarás (SEO): siempre variarán en función de la categoría o tema que trates.
5. Descripción: Anotaciones que puedes utilizar para recordar con facilidad el contenido que quieres crear.

Además, te ofrezco algunos **consejos para gestionar tu calendario de manera eficaz** que utilizo yo misma y funcionan genial:

- Crea una hoja por cada mes para poder visualizar todo el calendario con facilidad.
- Puedes añadir más de un canal en un solo día.
- Marca previamente los días internacionales o días relevantes para tenerlo previsto.

- Puedes añadir la categoría o tema que tratas en cada caso, y adjudicarle un color, para que toda la información sea mucho más visual y se presente de forma ordenada.

¡Lo has conseguido!

Si has seguido todos estos puntos y has tenido en cuenta todas las claves que hemos tratado durante el libro... **¡Ya tienes una estrategia efectiva!**

Es momento de pasar a la acción, ya puedes poner en marcha tu plan y dejar que el contenido fluya con el firme objetivo de que conecte con las emociones de tu cliente.

Estamos aquí para eso:

Conectar con personas.
Generar confianza.

A partir de ahora tienes oro en tus manos.

Cuídalo con cariño.

Calendario de publicaciones

LUNES	MARTES	MIÉRCOLES	JUEVES	VIERNES	SÁBADO	DOMINGO
1	2	3	4	5	6	7
FACEBOOK	BLOG	FACEBOOK	INSTAGRAM	YOUTUBE		
Título	Título	Título	Título	Título		
CTA	CTA	CTA	CTA	CTA		
Keywords	Keywords	Keywords	Keywords	Keywords		
8	9	10	11	12	13	14
15	16	17	18	19	20	21
22	23	24	25	26	27	28
29	30	31				

Cuéntame tu opinión

¿Conocías estos consejos antes de leer el libro? ¿Te han resultado útiles para conectar con tus clientes?

Tu feedback es realmente importante para mí, y me ayudarías a mejorar el libro para futuras ediciones. Escríbeme a **lara@laumedia.es** y cuéntame qué te ha parecido ;)

Espero que **implementes estos consejos en tu negocio y triunfes**. Si es así, cuéntamelo, me encantará saber que te funciona.

Sígueme en **Facebook** para recibir más noticias sobre **marketing online y estrategias eficaces**. Además, también estoy presente en **Twitter** y en **Instagram**.

Mil gracias por estar aquí, y espero saber de ti pronto.

Aquí me tienes para lo que necesites.
Cuídate mucho, te mando un fuerte abrazo,

Lara Arruti - Laumedia.es

ENLACE
Envíame un email

ENLACE
Hablamos en Facebook

ENLACE
Sígueme en Twitter

ENLACE
Nos vemos en
Instagram

LECTURAS RECOMENDADAS

- "PNL Herramienta necesaria para marketing" – Javier Mañero
- "SEO avanzado para bloggers"– Borja Girón
- "The 20 words and phrases that will get you the most retweets" – Dan Zarrella
- "Padre rico. Padre pobre" – Robert Kiyosaki

ENLACE
Javier Mañero

ENLACE
Dan Zarrella

ENLACE
Borja Girón

ENLACE
Robert Kiyosaki

¡Qué bien que hayas llegado hasta aquí!

¡MIL GRACIAS, de verdad!

Quiero agradecértelo con un descuento.

¿Tienes un negocio?

Me gustaría poder ayudarte personalmente y arrojar más luz

a tu estrategia de marketing online y contenidos.

Entra en este enlace e indícame tus datos.

Yo te envío el descuento y hablamos tranquilamente.

laumedia.es/oferta-libro